ぼんごのおにぎり
おいしいさのヒミツ

おにぎり店「ぼんご」女将
右近 由美子

朝日出版社

ヘアーサロン
コバヤシ
436
0080

新潟産コシヒカリ
おにぎり ぼん
☎ 3910-
金田ビル
Welcome to 令和
ナニナニ?
日曜日

現在、ぼんごのおにぎりは
56種類。
ひとつでも欠けたら
ぼんごじゃないと、
とにかく一生懸命、
具材の仕込みをしています。

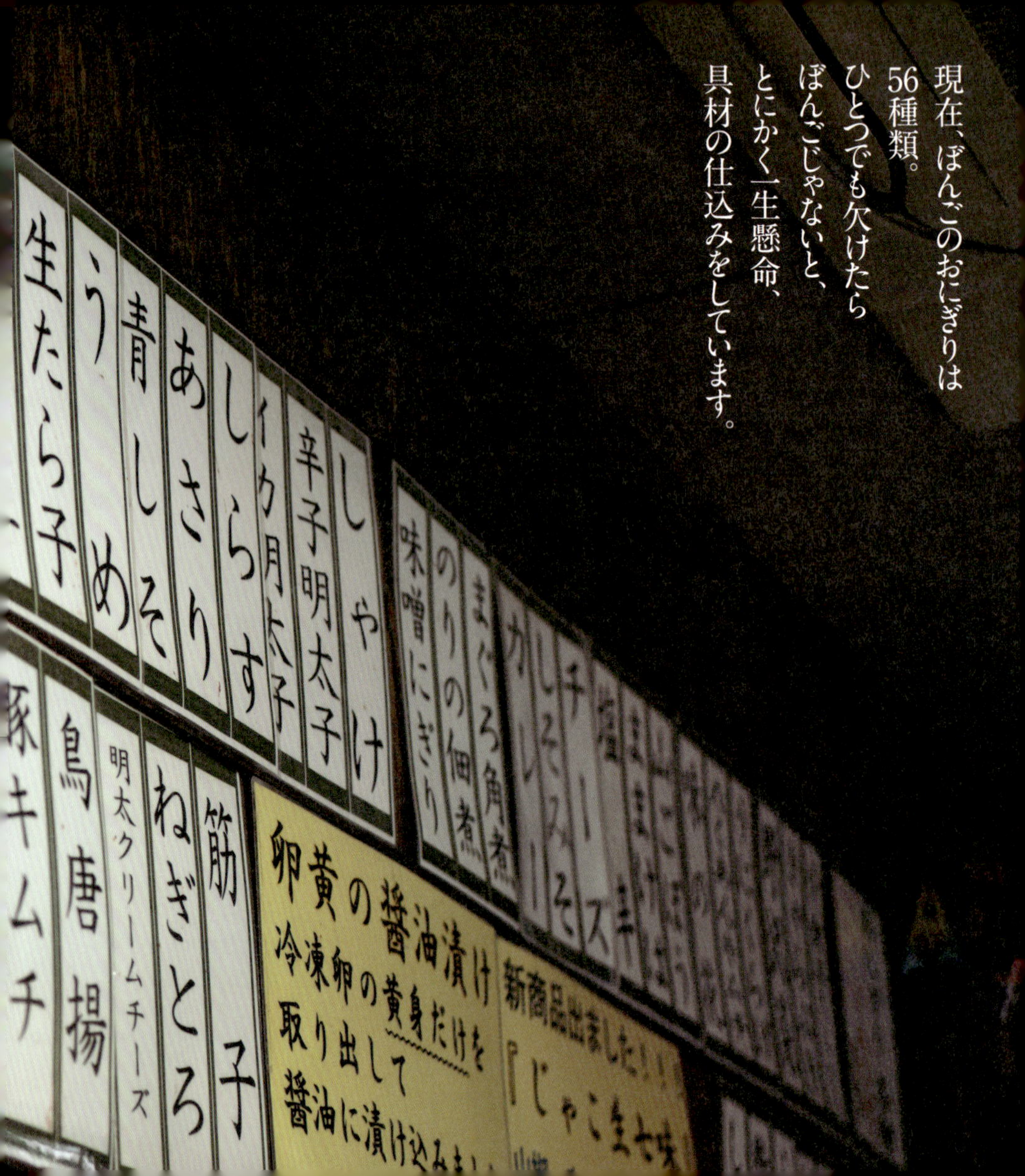

おかか
芝漬
ふる漬
マヨネーズ
マヨネーズ
マヨネーズ
漬
卵黄の醤油漬
肉そぼろ
ベーコン
きゅうり
たくあん
ミックス
牛すじ
ホッキサラダ
とうふ汁

笑顔が出なくなったら
お客さまの前に
立ってはいけないと
思っています。

平成30年度
FOOD
SAFETY
食品衛生
巡回指導実施店
お知らせ
『肉系具材』申し訳
せんが50円値上
いただきます。

私たちが「どうしたい」ではなく、
お客さまたちの「こうしてほしい」で
どんどん変わってきた店です。

おにぎりを通して
人と出会い、
おにぎりを通して
いろんなことを覚えました。
おにぎりがなかったら、
今の人生はなかった。

ぜん

はじめに

ぼんごが東京の大塚で創業したのは昭和35（1960）年12月。当時の店は、国鉄、現在のJR大塚駅のすぐ近くの、おにぎりのような三角地に建っていました。

「ぼんご」という店名は、かつてバンドでドラマーをしていた初代の右近《うこん》祐《たすく》が「店名が遠くまで鳴り響いてお客さまに来ていただけるように」と、打楽器のボンゴからつけたといいます。この右近祐が、のちの私の夫です。

何か食べ物屋をやりたい。それなら、子どもからお年寄りまで食べられるおにぎりの店をと、どこかで修業したわけでもない初代が試行錯誤で始めた店でしたが、注文をいただいてからにぎって熱々を供するというスタイルがめずらしかったのか、日中はサラリーマンや家族づれ、夜は飲み帰りの酔客と、開店当初からにぎわったそうです。大塚・池袋間の電車代が10円のとき、おにぎり30円だったといいますから、そこそこいい値段ですね。

新潟出身の私が東京に働きに来て、ぼんごに客として通ううちに夫と結婚し、店を手伝うようになったのが昭和51（1976）年。私は24歳。夫は27歳年上でした。

そのころ具は20種くらいでしたが、アイデアマンの夫が「こんな具をやってみよう」「あんな具をどうか」と発案しては私が試作をし、徐々に種類が増えていきました。さらにはお客さまの「こういう具をにぎって」という要望にもお応えするうちに現在、56種になっています。あまりにぎらず、やわらかいおにぎりに仕上げるのは創業当時から。お茶わんにふわりと盛ったごはんのおいしさを、おにぎりでも味わっていただきたいという思いからです。そして「温かい」「大きい」「具が多い」の3つがそろっているのが、ぼんごのおにぎりです。

20年ほど前に大塚駅前の再開発にともない、以前よりは駅から少し離れた今の場所に店を移転。その後、夫が亡くなり、私が女将として店を切り盛りしています。

親子四代で通い続けてくださる常連さん、わざわざ遠くから足を運んでくださる新しいお客さま。いろいろな方が、ぼんごのおにぎりのことをもっと知りたいといってくださり、このたび本をつくることになりました。

なんだか私が裸にされるようでちょっと恥ずかしいですが、ぼんごのこだわりをご賞味ください。

ぼんごのおにぎり 全56種大図鑑

「お茶わんで食べるようなおにぎり」が私の目指すところ。
だから、ぼんごではおにぎりを固くにぎりません。
そして具材は、ごはんのお供として合うものばかり。
たとえば人気の具の「卵黄」は、「たまごかけごはん」を
おにぎりで再現したくて考え出したもの。
さて、あなたの好みはどんな具でしょう。探してみてください。

銀シャリのり無

うめ

味噌にぎり

牛すじ*

銀シャリのり有

卵黄*

さけ

筋子**

**650円、*400円〜450円、無印350円（消費税込）2024年1月現在

小女子《こうなご》

青しそ

おかか

生たらこ

ままけは

ふきみそ

肉そぼろ*

焼きたらこ

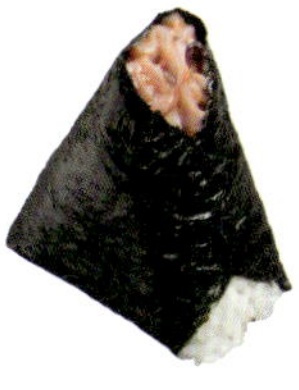

塩辛

しらす

ねぎとろ*

辛子明太子

数の子

あさり

しそみそ

いか明太子

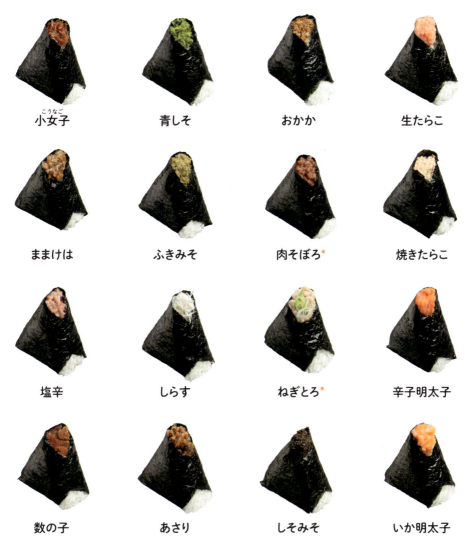

高菜

紅くらげ

ツナ

さけマヨネーズ

野沢菜

しそ昆布

うにくらげ

明太マヨネーズ

きゃらぶき

じゃこ生七味

ホッキサラダ*

じゃこマヨネーズ

はとうがらし

のりの佃煮

ピーナツみそ

明太クリームチーズ*

クリームチーズ*

とり唐揚*

納豆

芝漬

チーズ

豚キムチ*

紅生姜

ふる漬

ベーコン*

まぐろ角煮

たくあんキムチ

わさび漬

カレー

スタミナ焼肉*

味の花

山ごぼう

禁煙

第1章
ぼんごのおにぎりのおいしさを支える8つのこだわり

創業約60年。
カウンターの店で
お客さまと対面しながら、
ご要望に応えるうちに、
今のぼんごの形は徐々に
出来上がってきました。
よかれと思うことなら
変えることは恐れない。
手間暇かけることも
惜しまない。
そんな小さな積み重ねが
大きなおにぎりに
詰まっています。

ぼんごのこだわり

01

熱々のときだけでなく、冷めてもおいしい大粒の米を選んで使用

おにぎりはとにかく材料がシンプル。ごはんのおいしさが、味の決め手といっていいほどです。何十年も商売をしていれば、景気のいいときも悪いときもありますが、先代は不景気のときでもお米選びにはこだわる人でした。

「お客さんが少ないからといって品質を落としたらもっとお客さんが減る。こういうときこそ、いつも以上にいい米を使うぞ」と。

米どころの新潟で育った私も、ごはんの味には妥協しない。ですから、お米選びにぬかりはないつもりでした。ところが、30年ほど前、常連さん

が「店で食べるときはいいけど、テイクアウトして釣りに持っていくと、ごはんが固くなっちゃうんだよね」とふともらしたのです。ふわりとやわらかいのが身上のうちのおにぎりが、冷めたら固くなってしまうとは……。なんとか解決したい。

私は郷里の親、さらには米屋を営む親戚に相談をしました。そこで推薦されたのが新潟・岩船の棚田で育つお米でした。

ここのお米は若干、粒が大きめです。なので、ひと粒ひと粒の保水膜も大きく、水分が保たれて冷めてもごはんが固くなりません。また、おにぎりにしたときに、ごはんの粒と粒の間に空気がたくさん入って、ふわりと仕上がる利点もあります。

さらに「棚田」にこだわるのは、山の上のほうにある棚田では平場より水に含まれるミネラル分が豊富で、かつ日中と夜の寒暖差があり、お米の味わいが深くなるからです。このお米にめぐり合ってからは浮気せず、ずっと使い続けています。

お客さまの「釣りに持っていくと固くなる」というひと言から探しに探したお米。おいしさのヒントは、たいていお客さまの言葉のなかにあります。ぼんごはお客さまたちに育ててもらってきたな、とつくづく思います。

ぼんごのこだわり

02

しっかり浸水して、ふっくらした芯のないごはんを炊き上げる

せっかくのお米を生かすも殺すも炊飯次第。おいしく炊くためにまず大事なのが、お米を洗って浸水させる工程です。

精米技術が進歩した今、昔のようにお米は研ぐ必要はありませんが、「研ぐ」のではなく「洗う」にしても、この作業は手早さが肝心です。乾燥しているお米に水を加えると、粒のまわりについていたぬかが水にしみ出します。その水をお米が吸うと、ごはんがぬか臭くなってしまうので、お米を洗っては水を捨て、洗っては水を捨てる作業はさっさとやらなければいけません。

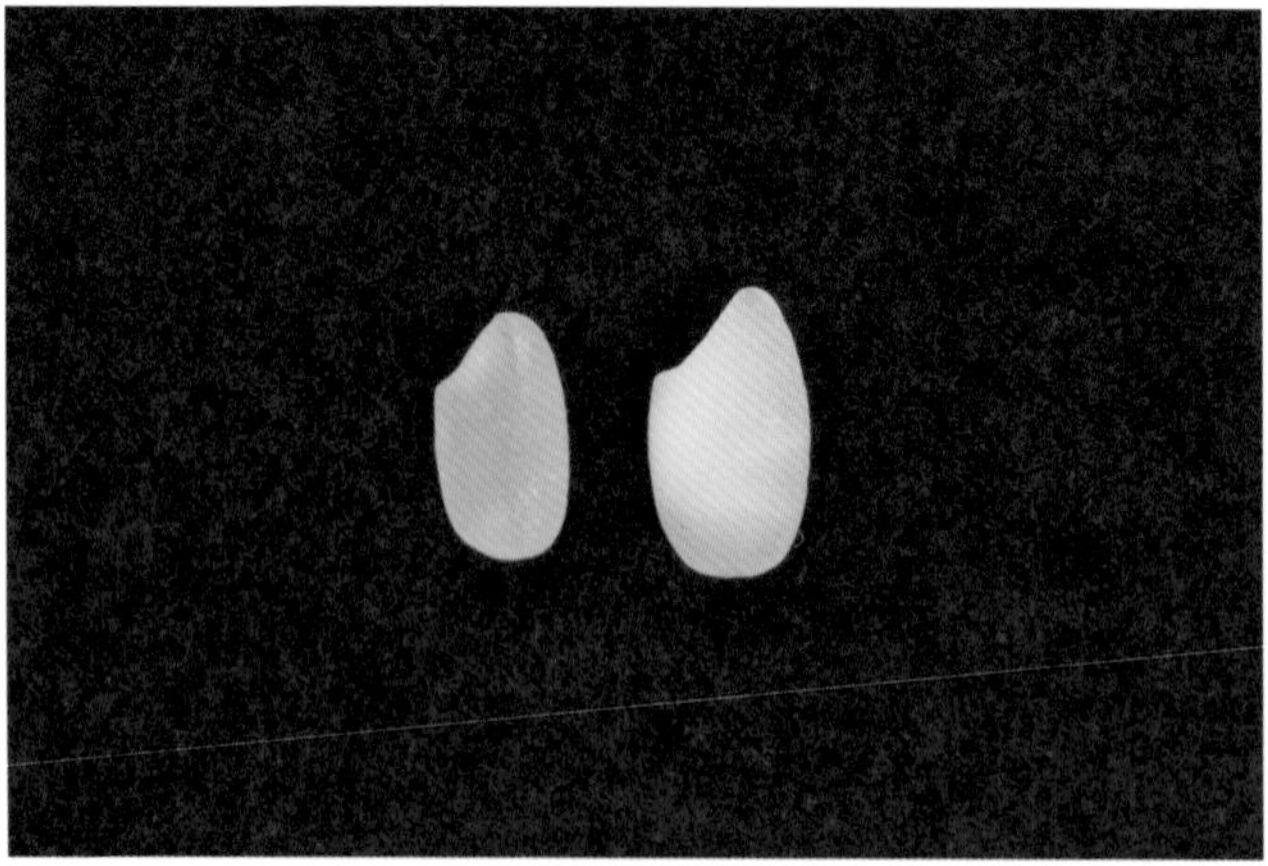

そして、次に大切なのが浸水です。ぼんごでは1時間ほど水に浸けています。

上の写真の左のように、浸水前は透き通っていたお米が、水を吸うと右のようにひとまわり大きくなり、まんべんなく真っ白になります。こうなれば浸水完了の証拠。これで芯のないふっくらとしたごはんが炊けます。

以前は、手で洗った米をざるに上げて水を切り、ビニール袋に入れてひと晩、冷蔵庫で寝かせてから使っていました。ところが、近年、お客さまも増え、三升釜(註:1升=約1.5kg)で1日に20から25回、ごはんを炊きます。その分のお米の準備は結構な重労働で、スタッフの肩が壊れかねないと思い、米研ぎ機に任せることにしました。それでも、炊飯まで少なくとも1時間は浸水させるのは、昔も今も変わりません。

そして、炊飯です。熱源はガス。三升釜で夏場ならば15分で炊けます。この強い火力で一気に炊き上げるのがいいようで、保水幕がしっかりできたツヤツヤの、ひと粒ひと粒がきれいな形をしたごはんが炊き上がります。

さあ、これでごはんの準備完了。いよいよ、にぎる工程に入ります。

ぼんごのこだわり

03

ふんわりやわらかく仕上げるため、火傷するくらいの熱々をにぎる

ぼんごでは、炊きたてのごはんをにぎります。熱々のごはんは、ひと粒ひと粒がきちんと独立していて粘りもあり、そっと寄せてあげるだけで成形できます。これでこそ、かぶりつくと口の中でごはんがほどけるおにぎりがつくれるのです。

これが、ごはんが冷めてしまうとどんどん団子状になって、力を入れないとごはんがまとまらず、ボテボテとしたおにぎりになってしまいます。

あるテレビ番組でにぎるごはんの温度を測ったら、90℃ありました。ふつうの人なら火傷するくらいの温度ですが、おいしさには代えられません。

ぼんごのこだわり

04

カウンターの店だからこそ、具材もおにぎりの大きさもリクエストに即対応

現在、店でおにぎりをにぎっているのは、大将と私とスタッフの合計3名。ただし、同時に何人かでにぎることはなく、時間、時間で、ひとりのにぎり手が切り盛りします。その人が、おにぎりをにぎるだけでなく、店全体を把握して、お客さまにお茶やおみそ汁を出すタイミングの指示を出したり、いわば司令塔の役割をします。

うちの店はL字のカウンターに12席。この〝カウンターでお客さまの目の前でにぎる〟のが最初はプレッシャーです。私は店を手伝うようになってから具の仕込みなどをしていましたが、7、8

年経ったころ夫から突然「明日からにぎれ」といわれて店頭に立ち、1週間で胃潰瘍になりました。

　そんな状態ですから、最初はおにぎりをにぎるだけで精一杯。でも、徐々に店全体に神経を配りつつ、手はせっせと動かし、かつお客さまとの会話を楽しめるようになっていきました。その点、うちで働く前はすし職人だった大将は慣れたもので、最初から余裕綽々《よゆうしゃくしゃく》でしたが。

　カウンター越しのお客さまとのコミュニケーションが密になるにつれ、「いくつも食べたいけど無理だから、ひとつに具を2種類入れてくれない？」とか「ひとつの大きさを小さめにして」などのリクエストにお応えするようになりました。

　こうして、具材を1種だけでなく別の具材も加える「トッピング」や、具を2倍入れる「倍盛り」、ごはんの量を変更する「小さめ」「大きめ」がメニューに加わるようになったのです。

　また、具材にしても「ツナをマヨネーズで和えたのをにぎってほしい」など、お客さまのリクエストで誕生したものもあります。

　ぼんごは、私たちが「どうしたい」ではなく、お客さまたちの「こうしてほしい」でどんどん変わってきた店なのです。

ぼんごのこだわり

05

おみそ汁やぬか漬も手間と時間をかけて食事としての完成度を追求

おにぎりといえば「携帯食」の代表格ですが、お店で食べていただくなら「食事」として楽しんでもらいたい。そのためには、おにぎりだけでなく、おみそ汁やお新香もおいしくなければ、と思っています。でも、そういう考えに至るには、ちょっと苦い経験がありました。

おにぎりづくり同様、おみそ汁づくりも突然、夫から任された私は、見よう見まねでつくったものの、常連さんから「このおみそ汁は世界一まずい」といわれたのです。情けないことに私自身「そうだろうな」と思いました。でも、同時に「絶対

❶

❷

❸

❹

においしいおみそ汁をつくろう」と決心したのです。負けず嫌いなんですね。図書館に行き、だしの取り方を研究。おそば屋さんから漂ってくる、あの食欲をそそる香りのいいだしを目指しました。

前の晩から水に昆布を浸しておき❶、翌朝、それを引き出したら、厚削りのかつお節を加え❷、30分煮出す。そこに湯を加えていったん温度を下げ、今度は薄削りのかつお節を加えて2分ほど煮出して火を止め、濾す❸。これでだしは完成。3種類の合わせみそで味を調え、とうふを入れる。なめこ汁をご注文の場合は、そこになめこを加える。おみそ汁はこんな感じです。

ぬか漬は、30年ほど大事にしているぬか床で毎日、きゅうりを20本。夏と冬で時間を変えて漬けています❹。お新香のたくあんはいろいろな業者さんのを食べ比べて、これぞというものを選択。

手間と時間をかける。その小さな積み重ねが、食事の満足感につながると信じています。

ぼん

ぼんごのこだわり

06

満腹と口福を堪能できるようにとにかくひとつが大きい

ぼんごのおにぎりの三大要素は「温かい」「大きい」「具が多い」。2つ食べれば満足いただけるよう（男性は3つ食べたりもしますが）、ひとつが大きいのが、うちのおにぎりに欠かせない条件です。ひとつあたりのごはんの量はほぼ170g。これに具が加わると220g以上になります。

カウンター越しに「はい、どうぞ」とお客さまにおにぎりを手渡したとき、まずはその大きさを目で楽しみ、次にその重さを手で感じていただきたい。そして、食べた後は満腹感と口福感を味わっていただけたらと。大きさもまた味のうち。

原寸大

ぼんごのこだわり

07

最初のひと口から、最後のひと口まで味わえるように具は隅々まで入れる

私がまだ店でおにぎりをにぎっていなかったころ、まかないのおにぎりを食べては、最後のひと口がごはんだけなのが残念でした。自分がにぎるようになったら最後まで具があるようにしよう、と思ったものです。一方、大将は最初のひと口から具が味わえるおにぎりがいいと思っていたとか。

最初のひと口から、最後のひと口まで具が入っている。それが、ぼんごのおにぎりとなりました。

お米と具の割合は3対1。具を全面に散らすと、のりしろとなるごはん部分が少なく、成形がむずかしくなるのですが、おいしさに妥協はしません。

ぼんごのこだわり

08

のりのハリと香りが熱々ごはんの味をさらに生かす

おにぎりはどんなに上手ににぎっても、最後にのりをうまく巻けないと貧相な出来になってしまいます。特にぼんごでは、おにぎりをあまりにぎらないので、包装紙役としておにぎりを包み込むのりの存在は重要。うちの店では少し厚みのある有明ののりを使っています。パリッとしたハリがおにぎりの出来映えを支えます。

　そして、香り。熱々のごはんに巻くとのりが匂い立つ、そのときの香りがなんともよくて、ごはんの味がさらに生きるのです。

ぼんごの秘密❶

大将も女将も おにぎりの原点は母の味

おにぎりは「携帯食」ですが、「保存食」ではありません。お持ち帰り用のおにぎりは生ものとして、3時間以内に召し上がっていただくようお願いしています。

たまに「明日、子どもの運動会があるので、おにぎりをつくってほしい」と注文を受けることがありますが、これは丁重にお断りをしています。

店でつくってから食べるまでに3時間以上あるので安全性を考慮してのことではありますが、私としては、運動会のような思い出に残る食事はぜひ、親御さんがつくってあげてほしいという思いもあるのです。だから、「朝、お母さんがにぎってあげてください」と伝えます。

私は60歳をとうに過ぎていますが、そんな私でもおにぎりといえば、運動会や遠足のときに母がつくってくれたおにぎりです。

真ん丸のボール型で、全面にのりがついていて、真ん中に梅干しがひとつ入っていて、新聞紙に包んでありました。当時、のりはぜいたく品で、のりが全面についているというだけで、それはもうごちそう。もったいないのでひとつだけ食べて、あとは家に持って帰って食べたものです。

うちの大将の越部に聞いても、やはりおにぎりの原点は、お母さんがつくったおにぎりだといいます。丸くて大きくて、彼の場合は銀ホイルに包んであったとか。

おにぎりはとてもシンプルな食べ物ですが、ときには記憶や思い出までも包み込んだ、特別な存在になりうる食べ物だなと思います。

第2章 ぼんごのおにぎりのにぎり方、徹底解析

ぼんごにはふた通りの
にぎり方があります。
大将の手だけでにぎる方法。
私の木型を使った方法。
おにぎりを口に含んだときの、
ごはんのほぐれ方が
微妙に違うようで、
常連さんなどは
好みが分かれたりも。
でも、どちらも
「ぼんご」のおにぎり
というところが
うちらしい気がしています。

Part1

大将のにぎり方

かつて、すし職人だった大将は、
「ごはんの扱い」をよく知った人。
粒と粒の間に空気をうまく含ませ、
決して粒をつぶさずに
ごはん同士をくっつけて成型します。
その秘訣は大将曰く
「重力を味方につける」とか。
さて、その手順を紹介しましょう。

1 ジャーからごはんをサッと取り、親指でくぼみをつくる

常に「ごはんをつぶさず、粒と粒の間に空気を含ませる」意識が大事。ジャーのごはんを手でかき混ぜて空気を含ませたら、手加減で100g程度を取り、具をのせやすいよう中心部分に親指でやさしくくぼみをつくる。

2

まな板の上にごはんを置き、両手で広げる

ごはんが固まってダマになっているところがないように、両手でやさしく広げる。このとき形はまだ丸でいい。

具は豪快にたっぷり入れるこれが、ぼんご流!

3 具を全体に広げのせる

できるだけ隅々まで具がいきわたるように、両手の指先で広げてのせる。

4

再びジャーからごはんを取り、親指でくぼみをつくりつつ、具の上に被せる

1同様にジャーのごはんを手でかき混ぜて空気を含ませ、手加減で70g程を取り、中心部分にくぼみをつくり具に被せる。

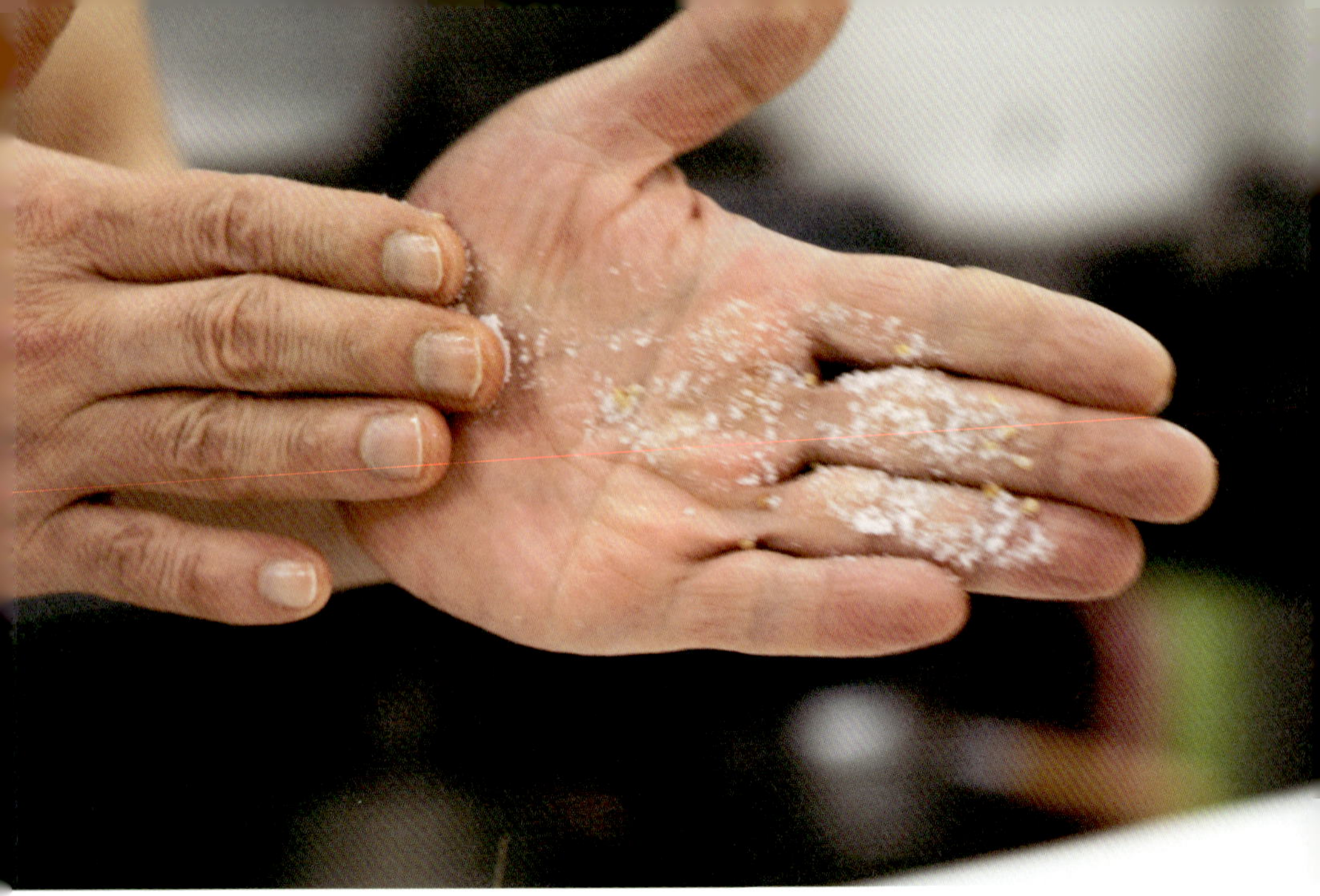

5 両手全体に塩をこすりつける

まず右手の人差し指、中指の指先に塩をつけ、それを左の手の平全体にこすりつける。次に両手をこすり合わせて全体に塩をいきとどかせる。

とにかく
やさしく触る。
力を抜いて。

6 両手で軽くおにぎりを三角形に成型する

右手は逆L字型、左手はI字型にしておにぎりをはさむようにし、あくまでもやさしい手加減で三角形にまとめる。ごはんの粒と粒を寄せて、軽くくっつける感じ。

7 おにぎりを裏返して置き、もう一度軽く成型する

おにぎりのまな板に接している部分が、重力によって平らになるのを利用。上下を一度返して、上面だったほうも平らになるようにする。返したあと、もう一度、6同様におにぎりのサイドから手を添えて三角形にする。

8 三角にまとめたおにぎりが、くずれないうちにのりで包む

細長いのりの端に寄せておにぎりをのせ、のりの残りの部分を被せる。被せたのりの両サイドを折って、おにぎりにくっつける。

9 おにぎりを立て、下ののりの両サイドもつける

寝かせていたおにぎりを立て、下になっていたのりの両サイドもくっつける。8と9で両サイドから のりをつけたところが下になるように、おにぎりを1回、2回と回転させて置く。ここでもまな板に接する部分が、重力で平らになるのを利用して三角の形が自然に整う。

出来上がり！

10 具の目印をてっぺんにつけて完成

おにぎりに入っている具がわかるように、てっぺんに目印をつける。トッピングをして2種類の具を入れた場合は、目印も2種類つける。

女将のにぎり方

ぼんごでは効率よくにぎるために代々、木型を使ってきました。さらに、この木型にはあまり手でにぎらずに成型でき、ふわりと仕上げられるという利点が。あくまでも、粒をつぶさずにごはん同士をくっつけ仕上げる。ここは大将と共通のぼんご流。

1

ジャーのごはんをしゃもじですくい両手で軽くまとめる

ジャーのごはんに空気を含ませる意識は、大将同様。しゃもじでごはんを軽くほぐしたら、ごはん粒をつぶさないように100g程度をすくい取り、両手で軽くまとめる。

2

型において両手の指先で中央にくぼみをつくる

水分を含ませた型にごはんを置き、両手の指先でやさしく中央にくぼみをつくる。このとき、ごはんがダマにならないよう、また、ごはん粒をつぶさないよう意識する。

3 具を全体に広げる

できるだけ隅々まで具がいきわたるように、両手の指先で広げてのせる。

お米と具は3対1。具をまんべんなく散らします。

4

再びごはんをしゃもじですくいまとめたら中央をくぼませる

1同様にジャーのごはんをしゃもじでほぐして空気を含ませ、70g程度をすくい取り、中心部分にくぼみをつくる。

5 具の上にごはんを被せて型ごと裏返す

ごはんを具の上に被せたら、型ごとサッと裏返す。

6 塩をつけた手でおにぎりを軽く三角ににぎる

大将のつくり方5（50ページ）同様に両手に塩をつける。両手で軽く三角ににぎる。返してもう一度にぎる。具が多いときは再度にぎる。「にぎる」というより、ごはん同士をくっつける意識。

7

ふわりとしたおにぎりがくずれないうちにのりで包む

細長いのりの端に寄せておにぎりをのせ、残りの部分を被せる。被せたのりの両サイドを折って、おにぎりにくっつける。

包装紙役ののりで手早く包む、これがコツ!

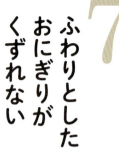

8

おにぎりを立て、のりの継ぎ目が下になるよう返し、目印をつける

寝かせていたおにぎりを立て、下になっていたのりの両サイドもくっつける。おにぎりを手前に一度、回転させ、中に入っている具がわかるように目印をトップにつける。

出来上がり！

番外編

みそおにぎりのつくり方

みそおにぎりの場合、包装紙役ののりを使わないため、その分、にぎりの回数を多くします。その工程をご披露しましょう。

1 ごはんを手加減で170g程度まな板の上に置く。

2 大将のにぎり方6(51ページ)同様に、まな板の上で両手で軽く三角形に成型する。

3 2を手にとり、二度ほど軽くにぎる。

5 おにぎりの両面に手のみそをぬりつける。

6 みそのついた手で包み込むようにして、おにぎりをまとめる。

4 両手の平にみそを広げ、のばす。

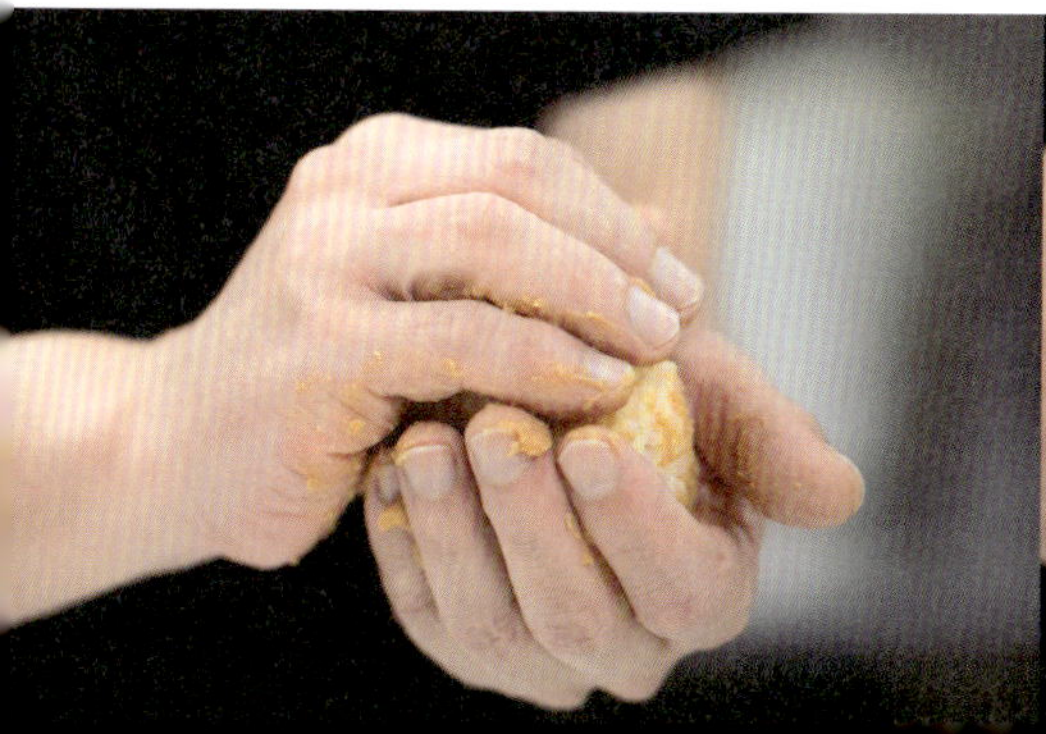

三升釜《さんしょうがま》

15分もあればお米3升(約5kg弱)が一気に炊ける。これがなければ、うちの商売あがったり。この一釜分のごはんでおにぎり50個はでき、1日に20〜25回、炊く。

ぼんごの
おまけ情報❶

愛用の道具たち

おにぎりは食材もシンプルならば、道具もシンプル。でも、使い込んだこれらの道具はなくてはならない存在です。

おにぎりの型

手早くおにぎりをつくるために代々、使われてきた木型は、朴《ほお》の木製の特注。朴の木は下駄の歯などにも使われるが固いのが特徴で、長年、使用しても変形しない。

しゃもじ

3升のごはんをかき混ぜるのに使う大きなしゃもじ。常に水に漬けてあり、重さ450g、長さ44センチ、幅は14.5センチ。これを操るだけでもちょっとした重労働。

ぼんごの秘密❷

同じ店なのに、人によってにぎり方が違う本当の理由

大将の越部と私は、生まれ年こそ違いますが、誕生日は同じという因縁浅からぬ（?）間柄です。

彼は日本料理店で長く修業し、その後、すし店で働いていたころ、ぼんごに客としてきました。食べ歩きが趣味で、最初はちょっとした興味だったようですが、その後、何年も通ってくるようになり、私が「うちに来ない?」とスカウトしたのです。

通常、ぼんごでは新人にすぐおにぎりをにぎらせることはしません。仕込みなどの手伝いをしながら、合間の時間にごはんの代わりにおからを使ってにぎる練習をします。そして、数年後、お持ち帰りのおにぎりをつくることから始めます。

でも、越部の場合は、すし職人としての経験があるので、すぐにお客さまの前でにぎってもらいました。ただし、代々、ぼんごでやってきた型を使ってにぎる方法を「こうすると早くにぎれるから」と教えました。最初こそ、彼は型を使っていたのですが、ある日突然、「俺は型を使わない」と宣言したのです。「型を使わなくても早くにぎれるから」と。

彼なりにプライドもあり、いろいろ研究したようです。とはいえ、同じ店で違うにぎり方というのもどうだろうと私もちょっと戸惑いましたが、お客さまが喜んで食べてくだされればそれがぼんご流。越部のやり方を尊重して今日にいたります。

ところで、越部は調子が出てくると、おにぎりをにぎりながら肩をキュッキュッと上げるクセがあるんです。そっと注目してみてください。

第3章 ぼんごのおにぎりの具材、全公開

ぼんごのおにぎりは56種類。
そのうち具が入るものは53種類。
いつの間にかよくここまで
種類が増えたものです。
甘辛しょっぱい具が
おにぎりには合いますが、
マヨネーズ味が増えてきたのも
時代の流れでしょう。
ほとんどが手づくりで、
出来合いの漬物などを使う
場合でもひと工夫したりも。
さて、どんな具があるのか、
じっくりご覧ください。

人気の具 トップ5

最近ではお客さまの好みも多様化してきていますが、それでも変わらぬ人気がこの5つ。おにぎりの定番の具もあれば、ぼんごならではの具も。

さけ

おにぎりの具の定番中の定番。だからこそ、味にうるさいお客さまにもご納得いただけるよう、さけ選びにこだわり、色も脂ののりもいいチリ産の紅ざけをセレクト。オーブンで焼いて、手作業で小骨を一本一本取りのぞき、ていねいにほぐしているのでふわりとやわらか。

筋子

最初はいくらを使っていたが、おにぎりを持ち帰って時間が経つとごはんの熱でいくらが溶けてしまうことが判明し、筋子に変更。値段が高くなるので一度はやめたが、お客さまから懇願されて復活。ねっとりとした食感と濃厚な味がごはんとよく合い、リッチな気分に。

卵黄

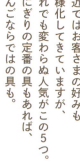

生たらこ

ごはんとたらこの相性のよさに甘えることなく、さらなるおいしさを求めて、なめらかな舌触りとプチプチした食感の双方を生かすために、以前は包丁でたたいていた。今は性能のいいミンサーを見つけて使用。熱々ごはんにたらこが寄り添いつつ、存在感を発揮。

「たまごかけごはん」をどうしてもおにぎりで再現させたく、試行錯誤を重ねに重ねて完成させた具。200～300個の卵黄をふた晩、冷凍させたのち、しょうゆに3～4時間漬け込む。この具をつくるためにうちの店では専用の冷凍庫を購入したくらい思い入れが強い一品。

明太クリームチーズ

1980年代後半、世の中でチーズケーキが流行したころに考案。チーズがやわらか過ぎると夏場、形がくずれてしまうため、ニュージーランド産の固めのクリームチーズを選び、明太マヨネーズで和えている。女子に人気だが、男性の常連さんでこれだけ2個食べる人も。

青しそ

漬物系

青しそと大根の葉を細かく刻んだ漬物。シャキシャキとした食感が好評。存在を主張しすぎないためトッピングとしても活躍し、とくに山ごぼうとの組み合わせが人気。

あさり

佃煮系

しょうゆと砂糖の味つけで甘辛く仕上げた佃煮。あさりの香りを生かしつつ、アクセントに生姜を効かせているので後口がさわやか。あさりの弾力ある食感も楽しめる。

味の花

佃煮系

かつおと昆布のほんのり甘い佃煮。ぼんごに昔からある具のひとつで、これが目当ての古くからの常連さんも多く、絶対になくてはならない存在。お子さんにも人気。

いか明太子

海鮮系

常連さんから「塩辛だけでなく、いか明太もほしい」といわれて開発。やわらかくて甘いいかを辛子明太子で和える。辛くないと納得しない常連が多く、ピリリと辛い。

うにくらげ

珍味系

生うにとくらげを酒粕で和えている。くらげのコリッとした食感が人気。昔からの定番の具で、酔客などに人気。若い人は味がイメージできないようだが、ぜひ一度挑戦を。

うめ

定番

群馬の業者さんから塩だけで漬けた昔ながらのすっぱいうめぼしを仕入れて使用。包丁でなめらかにたたいている。ファンが多く、なかには「うめ倍盛り」のリクエストも。

おかか

定番

定番の具ほど、味や歯ごたえに気が抜けない。しっとり系のおかかでは食感がよくないため、完全に乾燥させたパラパラのかつお節を選び、しょうゆとゴマで和えている。

数の子

魚卵系

塩数の子を水に浸けて塩出しし、細かく刻んだのち、しょうゆ、酒、みりん、一味唐辛子で1週間ほど漬ける。コリコリした歯ごたえと、時間がつくる深い味わいをぜひ。

辛子明太子

魚卵系

先代の主人が韓国料理の広告を見て、突然「辛子明太子をやるぞ」といいだし、開発した具。生のたらこに唐辛子粉、酒、みりん、柚子で味つけし、数日、味をなじませる。

カレー

スパイス系

カレーパンから発想したものの試作を繰り返し、実現までに一年を要した。ローストオニオンや生クリームを入れ、スパイスを効かせた結構本格的な味で、ハマる人が多い。

きゃらぶき

佃煮系

ふきの茎をしょうゆ、酒、砂糖などでコトコトと煮た佃煮。ほろ苦く、シャキシャキとした食感がアクセントに。一年を通したファンもいるが、とくに春先に人気。

牛すじ

肉系

自家製の牛すじの煮込み。おかずではなく、おにぎりの具として楽しむために山椒と七味を効かせている。刻んだねぎで風味を添えているが、お好みでねぎなしでもOK。

クリームチーズ

チーズ系

最近、登場。単独の具というよりはトッピングとして、味の濃いまぐろの角煮、筋子、小女子と合わせると新たなおいしさが生まれる。とくに塩辛との組み合わせが人気。

小女子《こうなご》

佃煮系

いかなごの稚魚を甘辛くした佃煮。弾力のある歯ごたえと香ばしさがごはんとよく合い、食が進む。佃煮系は傷みにくいので、お持ち帰りの具材としてもおすすめのひとつ。

塩辛

珍味系

比較的、古くからある具で、少しでも味が変わると指摘をする常連さんも。やや甘めにくせのない味に仕上げてある。最近登場したクリームチーズとの相性がとてもいい。

しそ昆布

佃煮系

細切り昆布の佃煮。しそのさわやかな風味を効かせている。2個注文するうちのひとつはちょっと目新しい肉系の具、締めで食べるのは昔から変わらないこれ、という人も。

しそみそ

みそ系

ここ2〜3年で登場した具のひとつ。しその風味が効いた新潟の甘辛いみそをアレンジせずに使用。若いお客さまにとって、みそ味は新鮮なようで最近、注目されている。

芝漬

漬物系

私がぼんごに嫁に来た40年ほど前からあり、当時から今に至るまで変わることなく私が大好きな漬物系の具のひとつ。すっぱさが魅力で、ツナとの組み合わせも二重丸。

さけマヨネーズ

マヨ系

人気のさけのアレンジ版として、何かできないかと開発。マヨネーズだけで和えるとさけの生臭みが感じられるので、九州の柚子こしょうを入れたら正解。万人から絶賛。

じゃこ生七味

小魚系

「かちり」というよく乾燥した固いじゃこにゆず、生姜、山椒を加えてまぶし、歯ごたえと香りを生かした一品。食べながら生姜と山椒の香りが口中に広がり、さわやか。

じゃこマヨネーズ

マヨ系

しらすだとマヨネーズを吸ってしまうので「じゃこ生七味」同様に「かちり」というよく干したじゃこを使用。マヨネーズとゴマ、一味唐辛子としょうゆで味つけしている。

しらす

小魚系

昔からある具のひとつ。お子さんにも人気で注文されることが多い。しらすが甘いときには塩をするなど、その都度、調味加減を。傷みが早いのでお持ち帰りには不向き。

スタミナ焼肉

肉系

豚肉とにんにくの芽を炒めて赤みそで味つけ。一味唐辛子も結構、入れているので相当、ピリ辛。多くの人がスタミナをつけたいと考える夏場にはとくに注文が増える。

高菜

漬物系

高菜のちょっと酸っぱくなった古漬けを鷹の爪で炒めている。あまり辛くしすぎず、酸味と相まってごはんがちょうど進むころ合いに仕上げてある。私も昔から好きな具。

たくあんキムチ

漬物系

薄切りにしたきゅうりとたくあんをキムチ味の調味料で和えた古くからの定番。カリコリした歯ごたえもよく、漬物好き、ピリ辛好きから根強い支持を受けている。

チーズ

チーズ系

とろけるチーズ。ごはんの熱でトロ～リとしたら、ちょうど食べごろ。トッピングとして、ほかの具すべてとよく合う貴重な存在。もちろんチーズ単体で味わってもグッド。

ツナ

マヨ系

缶詰のツナの油をしっかり切って、しょうゆをもみ込み、マヨネーズで和えて、ざるでひと晩置いて水分を出す。つくり方はごく単純なものの、細かな手間と時間が味を醸す。

とり唐揚

肉系

天むすから発想した具。とり肉をしっかりしょうゆに漬けてから揚げている。具がまんべんなくいきわたるよう刻み、皮がはがれないようマヨネーズとしょうゆで和えている。

納豆

発酵系

かつて働いていた納豆好きの職人さんが発案した具。しょうゆを入れると具がゆるくなってしまうので、塩と一味唐辛子で味つけをしてから、ひと晩寝かせて味をしめている。

肉そぼろ

肉系

牛肉8：豚肉2の合びき肉を使用。実家の母の味つけを懐かしく思い出し、少し甘めに仕上げている。小さいお子さんにも人気。卵黄、紅生姜のトッピングとしても注文が多い。

ねぎとろ

海鮮系

まぐろのとろに隠し味としてほんの少しのマヨネーズとわさびも加えて和えてある。子どもや最近増えている外国人客も大好き。刻んだねぎを添えるが、ねぎなしもOK。

野沢菜

漬物系

野沢菜漬をゴマ油で炒め、しょうゆと一味唐辛子で味つけを。高菜が人気なので、ほかにも何か漬物で、と考え出した具。ゴマ油の香りとピリ辛味が高菜とはまた別の魅力。

のりの佃煮

佃煮系

ごはんのお供として定番ののりの佃煮。納豆のトッピングとして相性抜群。居酒屋勤務の常連さんで、こればかりを頼む人も。派手さはないものの他の具に変えられない魅力が。

はとうがらし

佃煮系

唐辛子の葉をフードカッターにかけ、一味唐辛子を入れて甘辛く味つけをし、数日、寝かせている。ピリッと辛くないとおいしくないので、一味の配合が味のポイント。

ピーナツみそ

みそ系

歯ごたえ、香ばしさが魅力の甘いピーナツみそ。欧米人はピーナツ好きが多く、「みそは体にいい」というイメージがあるようで人気。私も大好きな具のひとつ。

ふきみそ

みそ系

通年あるものの、季節に敏感な人たちはとくに春先に注文。ゆでて刻んだふきのとうを薄味のみそで和えて。この苦みは大人の味。若い人でチャレンジする人も多い。

豚キムチ
肉系

最近、老若男女問わず人気の肉系の具でさらに何かと思い、考案。豚ばら肉とキムチの相性のよさに目をつけ、ゴマ油で炒め合わせている。ごはんとおかず感覚で楽しめる。

ふる漬
漬物系

少し酸味のあるきゅうりのふる漬に一味唐辛子としょうゆを加え、メリハリをつけて。ごはんのうまみが一層ひき立ち「ピリ辛すっぱい」が好きな人にこたえられない味。

ベーコン
肉系

ベーコンにしょうゆ、みりん、唐辛子を加え、味がしみるようにクツクツ炊いて仕上げる。先代の主人が「みりんを入れよう」と提案し、大正解。若い人に人気がある。

紅くらげ
珍味系

甘口のうめぼしでくらげを和えてある。すっぱいうめが苦手な人もこれなら問題なし。うめしその風味もよく、くらげの食感も抜群で、じつは私の一押しの具。

紅生姜
漬物系

「紅生姜がすごく好き」という個性的なお客さまのリクエストで始めた具。後口がさっぱりとするので、味が濃いめの肉そぼろや佃煮のトッピングとして相性がいい。

ホッキサラダ
海鮮系

シャキシャキのホッキ貝、コリっとしたいか、プチプチのとびこの歯ごたえが魅力。女性やシーフード好きの外国人に人気。焼きたらこなどしょっぱめの具との組み合わせも。

まぐろ角煮

佃煮系

サイコロ状にして甘辛く煮たまぐろの佃煮。海外の人たちの間で「日本に行ったらまぐろ」というイメージが広がっているのか、近年、外国人観光客からの注文が増大中。

ままけは

みそ系

山形の青唐辛子入りの甘辛い麹みそ。名前は漢字で「飯食は」と書き、「ごはん食べましょう」の意味とか。そのネーミングもおもしろく、具に加えた。しらすと相性がいい。

明太マヨネーズ

マヨ系

明太子の辛さをマヨネーズでまろやかにして食べやすく。最初のころは明太子2：マヨネーズ1くらいの割合だったが、マヨネーズ好きも増えた近年、1：1に。

焼きたらこ

魚卵系

生たらこが食べられないお客さまの要望で始めて、大喜びされた具。生たらこをオーブンでじっくり焼き上げ、ていねいにほぐしている。生たらことはまた別のおいしさ。

山ごぼう

漬物系

山ごぼうを細かく切って塩をふり、たまりじょうゆで漬けたもの。ぽりぽりとした歯ごたえが楽しい。青しそと組み合わせると色合いも美しく、味のバランスもとてもよい。

わさび漬

珍味系

わさびの葉や茎を酒粕でつけている。わさび独特の鼻にツンと抜けるような辛味は外国人に説明するのがむずかしいが、好奇心からチャレンジをする人も増えている。

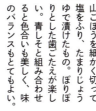

ぼんご・単品ベスト10

1 さけ（350円）

2 筋子（650円）

3 卵黄（400円）

4 生たらこ（350円）

5 明太マヨクリームチーズ（450円）

6 豚キムチ（400円）

7 とり唐揚マヨ（400円）

8 牛すじ（450円）

9 高菜（350円）

10 ホッキサラダ（450円）

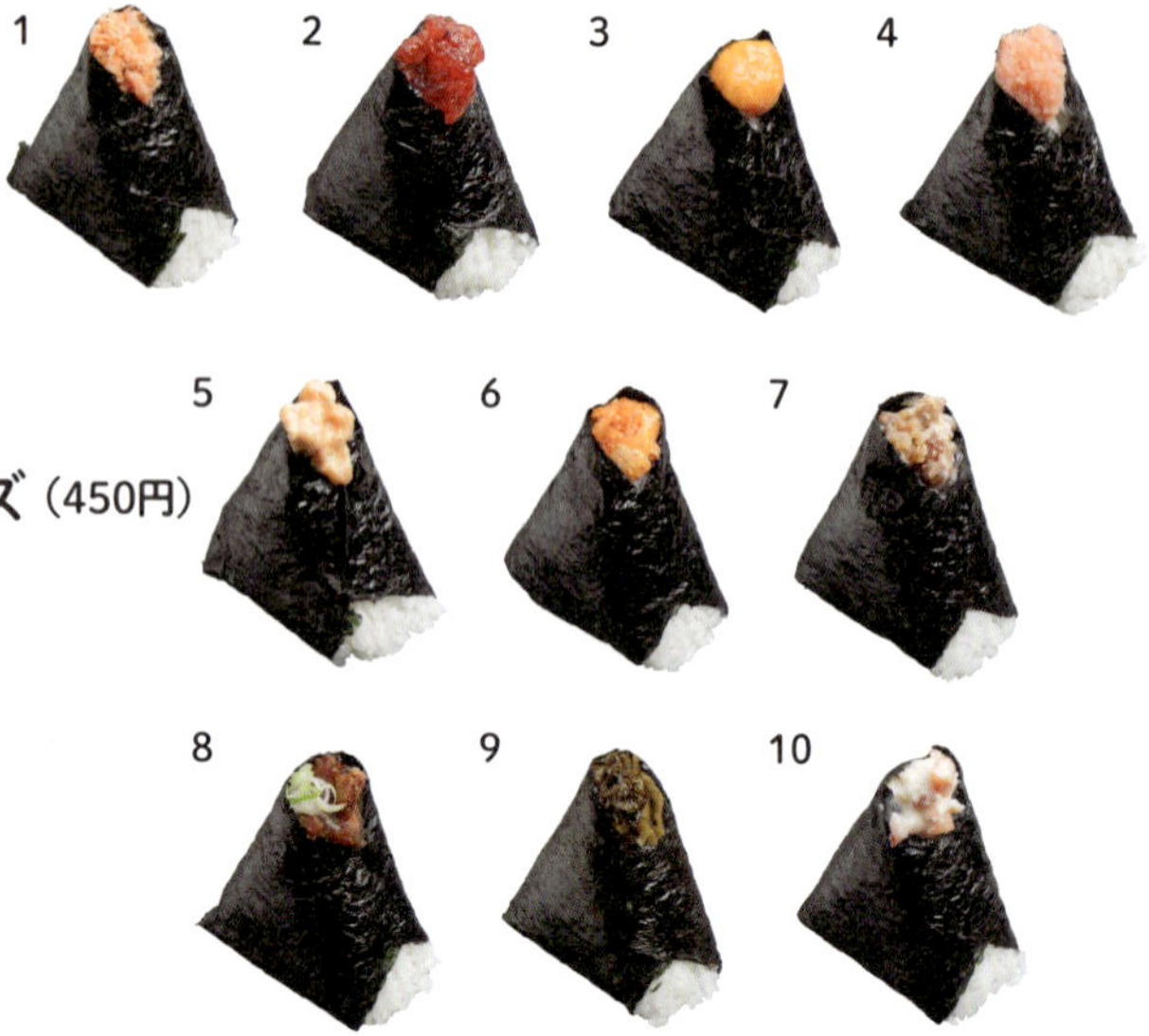

女性に人気のベスト3

1 明太マヨクリームチーズ（450円）

2 ホッキサラダ（450円）

3 さけマヨネーズ（350円）

ぼんご・トッピングベスト10

1　筋子 + さけ（700円）

2　卵黄 + 肉そぼろ（550円）

3　豚キムチ + 納豆（450円）

4　まぐろ角煮 + はとうがらし（450円）

5　ベーコン + チーズ（450円）

6　ホッキサラダ + 焼きたらこ（500円）

7　しそ昆布＋明太マヨネーズ（400円）

8　山ごぼう + 青しそ（400円）

9　牛すじ + カレー（500円）

10　辛子明太子+ 高菜（400円）

ぼんご
の秘密 ❸

30年ぶりに来てくださる方、初めて来て涙を流される方

かつて東京外国語大学が、北区の西ヶ原にキャンパスがあったころ、先生や生徒さんが大塚で都電からJRに乗りかえる際に、よくうちの店に寄ってくれました。

なかでも足しげく通ってくださっていたのが、アフリカ文学の先生。

「アフリカから来ている生徒たちはなかなか日本の食事になじめないけど、ごはんだけは食べられるから」と留学生を連れてこられていました。

「僕は日本の文化を彼らに教えたいから、日本のソールフードのおにぎりはピッタリなんだよ」と。

アフリカの方々が喜んでおにぎりを食べてくださるのを見るのが楽しみだったので、大学が府中に移転してしまったのはとても残念です。

こんなふうに常連さんだった方々が何かの理由でいらっしゃらなくなるのはさびしいですが、たまにはサプライズもあります。先日、「30年ぶりに来ました」と声をかけられてビックリ。転勤で地方に行かれた方が、上京した折に来てくださったのです。40年、店に立っているとこういううれしいことがあるんですね。

「次に30年ぶりに来ても私はいないから、必ず近いうちにまた来てね」とお願いをしました。

また、初めてのお客さまがおにぎりを食べながら、「実家を思い出しちゃいました。やさしい母なんです。帰りたくなりました」と涙を流されたりすることもあります。こちらまで涙が出そうになりますが、こうやってまたお客さまとの新たなご縁も日々、生まれていきます。

第4章
家庭でできる、ぼんご風おにぎり完全レシピ

うれしいことに
「ぼんご風のおにぎりを
家でもつくりたい」
といってくださる方々がいます。
ところが、〝家庭料理〟
となると、私はとんと素人。
そこで、ぼんごにもよく
いらっしゃり、うちのおにぎりを
愛してくださっている
家庭料理家の本田明子さんを
お招きして、家庭でできる
方法を紹介してもらいます。
ぜひ、つくってみてください。

本田明子さんからひと言

各家庭でお米の好みはあるもの。おにぎりをつくる際もそのお米でもちろんかまいませんが、「ぼんご風」にこだわるのであれば、お米屋さんに「粒の大きなお米はどれ？」と推薦してもらい、おにぎり用としてそのお米を使うといいですよ。

うめのおにぎり

「どこを食べてもうめ」のおにぎりにするために
うめぼしは果肉をちぎって散らばせます。

1　プロの手技や木型がない家庭では茶わんを使用。できるだけ広口の茶わんを選んで水でぬらし、炊きたてのごはんをしゃもじで空気を含ませるように混ぜたら、茶わん全体に均一に広げる。

2　具を全体に散らばしておく。うめぼしの場合は、種を取り除き、果肉をちぎって全体にまんべんなくおく。

3　再びごはんをしゃもじで空気を含ませるように混ぜ、ごはん粒をつぶさないようにスッとすくいあげたら、具の上に重ねる。ごはんの量は、1のごはん7に対して3。

4　両手を水でぬらして冷たくし、手のひらに塩をつけて広げる。

5　茶わんからごはんを手の平に移しのせる。

6　両手で包み込むようにして、1と3のごはんの継ぎ目をやさしくくっつける。

7　三角形を意識して1回にぎり、おにぎりの右面、左面を入れかえてもう1回にぎる。手加減はあくまでもやさしく、「にぎる」というよりは「包み込む」感じ。

8　平らな皿に寝かせて置く（家庭の場合、衛生面からまな板よりも陶磁器の皿のほうがいい）。ここで、おにぎりの皿に接している部分が、重力によって平らに整う。

9

すぐに上下を返して置き、上面だったほうも平らに整える。ごはん粒をつぶさないよう、手でにぎる回数を極力減らしつつ形を整えるのには、8、9の工程がポイント。

10

1枚ののりを2～3等分に切る。そのうちの1枚を9に被せる。のりの端がおにぎりの三角の頂点より少し出るくらいの位置。

11

おにぎりを持ち上げて、下にのりを巻き込む。ここからほとんどごはんにさわらない感じ。

12

おにぎりを立てて、のりの両サイドをつける。

家庭でつくる、おすすめの具3種

ぼんごで人気の具を家庭でも挑戦。どの具も冷めてから使ったほうがおにぎりがつくりやすくなります。

さけそぼろ

おにぎりの具は塩辛いほうが合うので、
辛口の塩ざけでつくります。

1 鍋に水1/4 カップを入れて沸かし、さけを入れてゆでる。

2 さけに火が通ったら、皮と骨を取りのぞく。

3 さけ１切れ(70g)に対して日本酒大さじ１を入れて中火にかける。

4 木べらでさけをほぐしながら、出てきた小骨は取り除きつつ炒る。水分がなくなったら出来上がり。

肉そぼろ

よく売られている比較的、脂身の多い
豚ひき肉でおいしくできます。

1　鍋に豚ひき肉200g を入れ、水、酒、しょうゆ、みりん各大さじ 2、おろし生姜小さじ 2 を加える。ぽんご風に甘くするなら、みりんを砂糖に代えても。

2　火にかける前に木べらでよくほぐす。これがパラリと仕上げるコツ。

3　中火にかける。すぐには肉をいじらないこと。半分ほど肉の色が変わってきたら、ほぐすように炒り、またしばらく煮る。

4　炒る、煮る、炒る、煮るを繰り返し、7 ～ 8 分で水分がなくなったら出来上り。

とりの唐揚げ

とりもも肉は唐揚げ用にカットされたものを
使用すると便利です。

1 とりもも肉(唐揚げ用)200g をビニール袋に入れ、しょうゆ大さじ 1、こしょう適量、おろし生姜(またはにんにく)小さじ1/2 を加え、10 ～20回、肉に調味料をよくもみ込む。

2 1に片栗粉大さじ 3 を加える。おにぎりの具の場合、衣は厚めがいい。袋の口をねじって手で押さえ、反対の手の指先で肉を転がすようにしながら片栗粉をまんべんなくいきわたらせる。

3 油を中温(180℃)に熱し、とり肉の皮を下にして入れる。2 ～ 3分はさわらないこと。衣がカラッとしてきたら上下を返す。ときどき肉を持ち上げて空気に触れさせながら揚げる(こうすると二度揚げの効果がありカリッと仕上がる)。

4 全体がからりとしたら引き上げ、皮を上にして並べる。おにぎりに入れるときは４等分に切る。

*残った唐揚げは丸ごと冷凍。別の日におにぎりに使うときは5分、室温に置いてから4等分にし、凍ったままおにぎりに入れると、食べるころにちょうど解凍される。

ぼんごの食材、売っています

実際にお店で使っている食材の一部を販売しています。ご家庭でもぼんごの味をどうぞ。

ぼんごのおむすび塩

おにぎりの味わいを陰で支える塩。いろいろなものを試し、たどりついたのが沖縄の海の塩。ミネラルが豊富で、ただしょっぱいだけでなく味わいが豊か、かつサラサラで使い勝手もいい。250g 500円

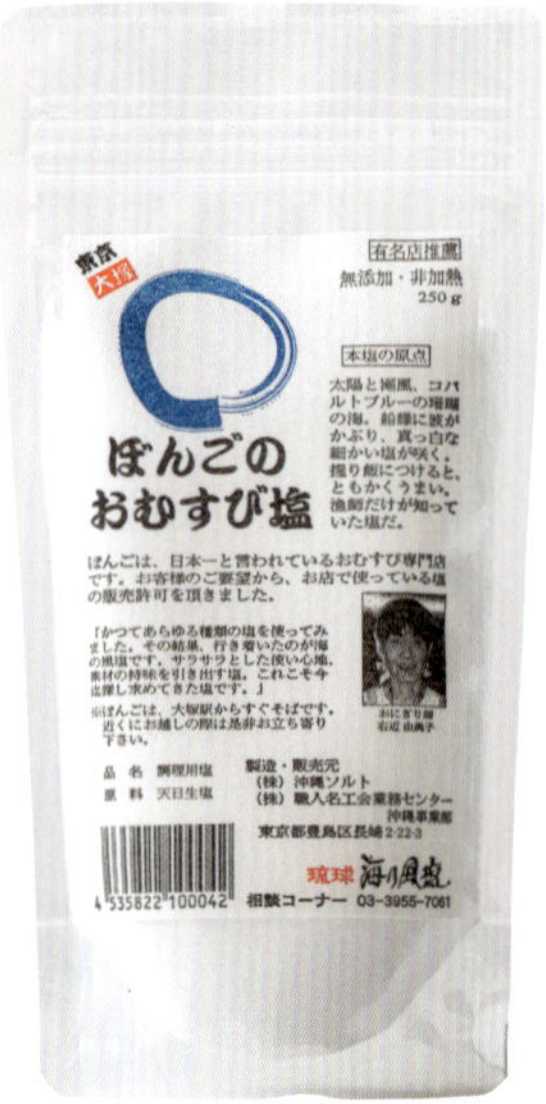

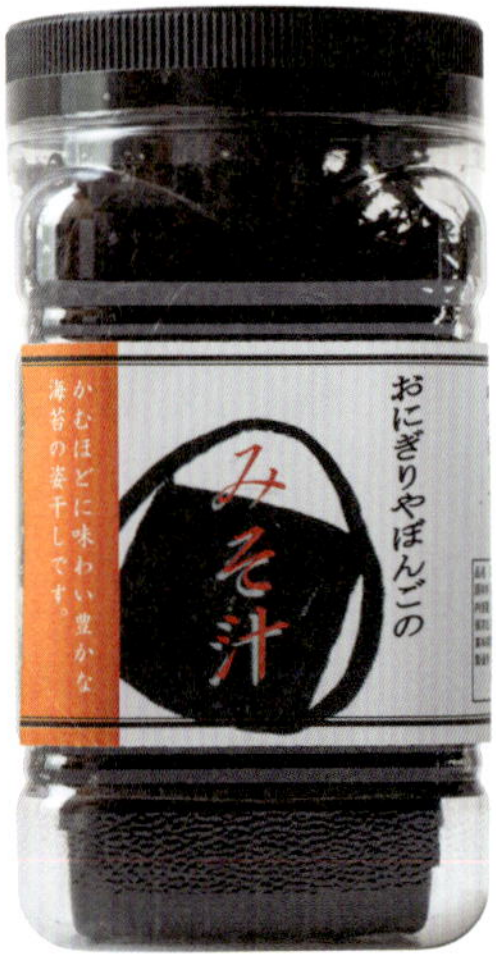

ぼんごのみそ汁ののり

お店ではみそ汁に添えて出している有明産ののり。熱々の汁物に加えると磯の香りがパッと広がり、歯ごたえも十分。みそ汁のほかラーメンやうどんに入れたり、酢の物などに使っても。
12g 650円

【料金】

[単品]おにぎり
●37種・350円
●13種・400円
● 5種・450円
● 1種・650円
(詳細は「ぼんごのおにぎり
全56種大図鑑」18〜21ページ参照)
[セット]月曜・土曜日以外の祝日:終日
火〜金曜　11:30〜15:30 22:00〜23:00
●2個とうふセット・800円
(350円のおにぎり2個+とうふ汁)
●3個とうふセット・1150円
(350円のおにぎり3個+とうふ汁)
*なめこ汁の場合は+100円
*350円以上のおにぎりは+差額

●土曜日限定
スペシャルセット・900円
(限定100食)
350円のおにぎり2個+とうふ汁+
ゆで卵+おかず+お新香

[セット以外の場合]
●とうふ汁・200円
●なめこ汁・300円
●お新香・250円
(たくあん、きゅうり、
ミックスから選択)

*みそ汁はオールタイム、
おかわり自由

【注文の方法】

●具材2種入れ→ トッピング
●具材増量→ 倍盛り
●おにぎり大きめ→ 大
*料金は1個のおにぎり代+50円〜

*以上の料金は税込価格で、2024年
1月現在のものです。

【店情報】

ぼんご
電話:03-3910-5617
住所:東京都豊島区北大塚2-27-5
営業時間:11:30〜23:00
定休:日曜

2000年に落語家・タレントのヨネスケさんが来店の際に撮影。
1列目が女将（当時48歳）、2列目いちばん左が初代主人（当時75歳）。

ぼんごの歴史

1960(昭和35)年12月　創業

国鉄(現:JR)の大塚駅の近く、都電がちょうど信号で止まる
場所の三角地に開店。初代は右近祐(うこんたすく)。

1976(昭和51)年

現 女将 右近由美子(うこんゆみこ)が初代と結婚し、
店を手伝うようになり、以後、具の数も増え始める。

1989(昭和64)年ごろ

常連客のひと言から、冷めてもおいしいお米を探し、
女将の出身地の新潟・岩船産の棚田でできるお米を使うようになる。

1993(平成5)年ごろ

冷夏により、米の生育が深刻な打撃を受け、「平成の米騒動」が勃発。
米不足の中、1週間に300kgしか入荷できず、
お米の入手に四苦八苦。「翌年の新米が出まわる時期までの
しんぼう」と、ひたすらがんばる。

2000(平成12)年

大塚駅前再開発にともない現在の場所に移転。
女将が中心となって店を切り盛りするように。

2004(平成16)年

客として通っていた越部努(こしべつとむ)が
ぼんごに参加。以後、大将として店を支えている。

右近由美子《うこんゆみこ》

1952年6月23日新潟市生まれ。三人姉妹の真ん中。男児誕生を望んでいた父親に男の子のように育てられる。高校卒業後、新潟の燃料会社に就職するも、父親への反抗心から、仕事のあてもないまま上京。たまたま入った上野の喫茶店の店主が新潟出身者であったこともあり、その店の喫茶店員になる。その後、友人に誘われ「ぼんご」に食事に行ったことが縁で、おにぎり屋の人生が始まる。趣味は和太鼓演奏と読書。時代小説からエンタメまであらゆるジャンルの本を読む。なかでも大好きなのは夏川草介著『神様のカルテ』。また、無類の猫好きで、保護猫の活動をしていたことも。血液型はO型。好きな食べ物は、すいか。

●第4章 家庭でできる、ぼんご風おにぎり完全レシピ 制作

本田明子《ほんだ あきこ》

家庭料理家。故小林カツ代に師事。現在は雑誌、書籍、テレビなどで生活に根ざした家庭料理を提案。大好きなおにぎりに関することをライフワークとしている。

「ぼんご」のおにぎり おいしさのヒミツ

2019年11月1日 初版第1刷発行
2024年10月10日 初版第4刷発行

著者 右近由美子
発行者 小川洋一郎
発行所 株式会社朝日出版社
〒101-0065 東京都千代田区西神田3-3-5
TEL. 03-3263-3321
http://www.asahipress.com

構成 竹中はる美
撮影 山田 薫
協力 本田明子
デザイン 島田 隆
編集担当 仁藤輝夫
印刷・製本 TOPPANクロレ株式会社

ISBN978-4-255-01143-1 C0077